AF542140

RÉFUTATION

DE L'HISTOIRE

DE LA SESSION DE 1815.

IMPRIMERIE DE FAIN,
RUE DE RACINE, N°. 4, PLACE DE L'ODÉON.

RÉFUTATION

DE L'OUVRAGE

DE M. FIÉVÉE,

AYANT POUR TITRE :

HISTOIRE DE LA SESSION

DE 1815;

PAR H. DE LOURDOUEIX.

A PARIS,

CHEZ
PLANCHER, libraire, rue Serpente, n°. 14;
EYMERY, libraire, rue Mazarine, n°. 30;
DELAUNAY, libraire, au Palais-Royal;
Mlle. COLLIGNON, libraire, au Palais-Royal.

1816.

RÉFUTATION
DE L'HISTOIRE
DE LA SESSION DE 1816.

CHAPITRE PREMIER.

Observations sur le plan qu'a suivi M. Fiévée dans son ouvrage.

Lorsqu'après vingt années de divagations politiques, une nation a tellement embrouillé ses intérêts que les anciennes classifications de ces intérêts ont entièrement disparu ; lorsque les esprits, fourvoyés dans toutes les directions, s'arrêtent de lassitude et cherchent des centres pour se rallier, des bases fixes pour se rasseoir, l'apparition d'un gros volume sur l'économie politique ne peut manquer d'attirer toutes les attentions, et de solliciter les espérances. L'empressement qu'excite un tel ouvrage est encore plus vif quand l'auteur s'étant mis, par un système de conduite singulier, hors de toutes les dépendances sociales, annonce qu'il ira chercher la vérité dans ses bases positives et générales, pour descendre ensuite à ses conséquences nécessaires, et qu'il maintiendra ces conséquences quelles qu'elles soient, sans aucuns ménagemens pour les hommes. Ainsi ce ne sont plus des déclamations qu'on va entendre; ce ne sont plus de vaines argumentations où les haines et les passions essaient de parler aux haines et aux passions; ce sont des applications formelles et précises, des sentences portées par les choses elles-mêmes : et l'on a d'autant plus d'espoir de trouver la lumière dans cette manière de procéder, qu'elle semble exclure tout intérêt de parti, et qu'on ne voit pas quel avantage personnel pourrait dédommager l'auteur de la peine qu'éprouve toute âme honnête à heurter tant d'opinions, à offenser tant d'amours-propres.

Telles sont les réflexions qui s'offraient à nous quand nous avons ouvert l'ouvrage de M. Fiévée; la division méthodique des chapitres nous annonçait une marche fixe et assurée qui fortifiait notre confiance; donner une théorie de la politique générale nous a paru, dans la confusion des idées qu'a amenée la révolution, un moyen de rectifier beaucoup d'erreurs et de faire cesser beaucoup d'incertitudes; loin d'être choqué du style tranchant de l'auteur, nous aimions à croire que ses pensées n'avaient été fixées par lui avec ces formes sentencieuses, qu'après qu'il les avait profondément méditées, et qu'il s'était assuré de leur justesse. C'est donc avec le désir sincère de trouver quelques aperçus neufs et utiles dans cet ouvrage, que nous en avons commencé la lecture; c'est après avoir examiné séparément et dans leur ensemble les diverses parties dont il se compose, que nous avons assis notre jugement, et sur la doctrine de l'auteur, et sur les applications qu'il en tire, et sur les intentions qu'il a eues en écrivant.

Si nous nous décidons à publier les observations que nous a suggérées cette espèce de travail, c'est parce que cette doctrine nous a paru renfermer des erreurs d'autant plus dangereuses qu'elles tendent à abuser de la confusion des idées, pour leur faire prendre des directions fausses et opposées à l'établissement de l'esprit public. C'est donc contre ces erreurs que nous écrivons et non contre l'auteur qui les propage; car, s'il n'est aucun homme en France pour ou contre qui M. Fiévée voulût faire un volume, nous ne voudrions pas même faire une brochure pour ou contre M. Fiévée.

Si quelque chose peut justifier les alarmes que causent à beaucoup de personnes les gouvernemens représentatifs, c'est sans doute l'apparition d'un ouvrage tel que celui de M. Fiévée.

Il est certain que ces gouvernemens, tant qu'ils ne sont point consolidés dans une société, renferment des inconvéniens graves; et le plus grave de ces inconvéniens, est la tendance naturelle et opposée de chacun des corps dont ils se composent.

Nous disons que cette tendance est naturelle et opposée : elle est naturelle parce qu'elle tient à la nature des intérêts que ces corps représentent. Elle est opposée parce que, les hommes ne se classant que pour leurs intérêts, il n'y aurait pas de classification s'il n'y avait qu'un seul intérêt.

Or, un état composé de trois pouvoirs ne représentant que trois classes d'intérêts, toute les nuances intermédiaires ont dû se réunir par analogie aux trois unités les plus dissemblantes. Ce nombre trois nécessite un centre; ce centre nécessite deux extrémités, et ces deux extrémités sont, l'une par rapport à l'autre les deux plus grandes dissemblances possibles. Et si l'on disait que cette dissemblance n'est pas opposition, ce serait dire que le noir n'est pas l'opposé du blanc; remarquez bien qu'il s'agit ici de deux intérêts, de deux choses actives, et non de deux choses mortes, et que le noir marcherait sur le blanc et le blanc sur le noir, si le noir et le blanc étaient actifs.

Mais, si ces deux extrémités sont actives parce qu'elles sont opposées, le centre, par la seule raison qu'il en est le centre, est immobile. En descendant de cette métaphysique des gouvernemens représentatifs à ses applications, nous dirons que la démocratie et la monarchie sont deux pouvoirs opposés, et que l'aristocratie est un pouvoir immobile qui les sépare et les empêche de se combattre.

Si nous avons réussi à démontrer presque géométriquement l'opposition des deux premiers pouvoirs et l'immobilité du dernier, on concevra que dans un gouvernement représentatif bien constitué, la société a deux garanties pour une. La première se tire de l'égalité d'opposition entre les deux pouvoirs rivaux, d'où résulte un équilibre parfait ; et la seconde, de l'existence du pouvoir intermédiaire qui seul suffirait pour suppléer à cet équilibre, s'il était momentanément dérangé.

Il n'y a donc rien à redouter de cette opposition quand les bases sont sûres, parce que, tout étant calculé de part et d'autre dans sa plus grande étendue possible, on n'est pas obligé de compter sur la modération, la sagesse, ou l'habileté des hommes, pour le maintien d'un équilibre qui n'est jamais plus parfait que quand les deux partis ont mis chacun toute la somme de ses forces ; mais il n'en est pas ainsi dans un gouvernement qui s'essaie, où plusieurs choses constitutives sont encore en litige ; la modération et la sagesse des hommes sont indispensables pour régler les délimitations qui appartiennent encore aux deux pouvoirs, et il serait difficile qu'on s'entendît, si l'intérêt propre à chacun agissait dans toute sa tendance naturelle.

Cette difficulté de position deviendrait un danger pour la société, si on réussissait à égarer l'opinion de cette société, de manière à lui faire croire que l'intérêt particulier de l'un de ces pouvoirs est l'intérêt général ; ce danger ne pourrait que s'accoître encore, si, en intéressant les passions humaines dans la querelle, on glissait des haines au sein des pouvoirs contestans, ces pouvoirs deviendraient bientôt des partis, et les partis échauffés ne sont pas loin d'être des factions.

Il ne faut pas se dissimuler le véritable état des choses : la démocratie constituée est en présence de la royauté ; les intérêts en litige sont de la plus haute importance : il s'agit de savoir où s'arrêtera l'action du pouvoir sur le peuple ; la royauté veut l'administration toute entière, le peuple veut s'administrer lui-même. Ce procès est tellement grave dans ses conséquences, que, s'il était gagné par le peuple, son résultat serait l'affaiblissement immédiat de la royauté au profit de la démocratie, et par suite, l'envahissement de ce premier pouvoir par le dernier.

Les honnêtes gens ne pourront donc voir, sans improbation, un homme qu'aucun devoir social n'implique dans ces grands débats, mettre tout en œuvre pour envenimer les discussions et rendre les accords plus difficiles ; épouser les opinions, les intérêts d'un des pouvoirs de l'état ; le séduire et le corrompre, soit en flattant chacun de ses membres dans son amour-propre et dans ses passions, soit en attaquant le pouvoir opposé avec une partialité indécente ; faire tous ses efforts pour personnaliser les résistances ; enfin, employer son talent (et certes il en a beaucoup) à égarer l'opinion publique par les sophismes les plus captieux, par les plus imposans paradoxes.

Nous regrettons d'avoir ces accusations à élever contre M. Fiévée, dont le livre renferme de fort belles pages ; mais plus ce livre est fait avec esprit, plus il est dangereux, plus il nous semble important de combattre la doctrine qu'il renferme.

Il y a dans la conception de l'ouvrage une intention extrêmement insidieuse, faite pour égarer beaucoup de lecteurs, et qui décèle un génie hardi, confiant dans les ressources du talent, capable de saisir de haut les diverses parties d'un vaste plan, et habitué à traiter l'esprit en esclave pour le faire servir à ses fins. En voyant une théorie de la politique générale précéder les faits historiques, qui ne s'est attendu comme nous à pouvoir juger la session de 1816, par ces règles fixes et invariables que les publicistes anciens ont découverte, que tous les peuples modernes ont reconnue; surtout quand l'auteur prend le soin de faire remarquer la bonne foi qu'annonce une telle division? Rien cependant n'est moins franc que cette division et que la déclaration de l'auteur; quand on a achevé de lire l'ouvrage, on s'aperçoit que ce ne sont pas les applications qui sont subordonnées aux règles, mais les règles qui ont été créées exprès pour les applications; ou, pour parler en termes plus clairs, que les premiers chapitres n'ont point été faits avant les derniers, mais pour les derniers. Ainsi, l'ordre naturel a été renversé; l'esprit s'est replié sur lui-même, et le jugement du lecteur, surpris, et emporté dès l'abord aux prétendus principes des choses, se trouve descendre de conséquences en conséquences aux résultats les plus inattendus. De là, ces abstractions présentées à dessein dans une expression insuffisante, dépouillées des antécédens qui leur sont propres, et suivies de conséquences fausses et forcées ; de là, cet embarras continuel où se trouve l'auteur pour cacher ses déviations, cette plainte adroitement répétée par lui à chaque page, que notre langue politique n'est point fixée, que les expressions en sont fausses, qu'elles appartiennent à des idées que le temps à détruites; de là, ces propositions plus ou moins contestables qu'il donne comme des vérités consacrées; de là, ces raisonnemens incomplets, résultats d'une lutte pénible contre la vérité; de là enfin, ce vague et cette obscurité qui empêchent le lecteur de saisir aucun sens positif, et qui le promènent de période en période, sans qu'il lui soit possible de rien conclure, si ce n'est que l'auteur a compté peut-être un peu trop, et sur l'abus qu'on pouvait faire de la logique, et sur la confusion de nos idées.

Il avait toutefois, en écrivant, des avantages de position qu'il n'était pas homme à négliger. Il s'était fait l'antagoniste du ministère, et même des ministres, et il était dans son amour-propre de croire qu'ils attacheraient quelque importance à ses attaques; il n'a donc perdu aucune occasion de dire dans son ouvrage qu'on paierait quelques ignorans pour lui répondre. Par ce moyen il a placé ceux qui n'approuveraient pas ses idées dans une situation difficile, parce que l'homme qui écrit dans l'intérêt de son pays, et par amour de la vérité, ne se résigne pas volontiers à passer pour un champion à gages. Mais, comme le succès d'une telle ruse aurait le singulier résultat de laisser propager librement les erreurs les plus funestes, nous avons cru devoir nous mettre au-dessus des calomnies de précaution que M. Fiévée a bien voulu nous adresser.

Nous n'examinerons pas nous-mêmes quel motif a pu le porter à vouloir faire une politique générale de la politique naturelle et isolée d'un des trois pouvoirs de l'état, et à donner à ce pouvoir une importance exclusive sur les deux autres; pourquoi il s'efforce de prouver que le pouvoir monarchique est affaibli et altéré par suite de la révolution; que le pouvoir aristocratique n'est point constitué en France ; que le pouvoir démocratique est le seul qui n'ait rien perdu de sa vigueur. Les gens malins pourront chercher dans cette opinion de l'auteur la raison de son empressement à se ranger sous les bannières de ce pouvoir ; ils ne manqueront pas de trouver dans son zèle exagéré à en défendre les prétentions, le résultat d'une ambition qui voyait de loin et qui allait se placer d'avance sur la route d'un parti dont la direction était connue, et dont il prévoyait le triomphe. Quant à nous, qui ne voulons point nous mêler des affaires de M. Fiévée, mais des nôtres, nous essaierons de prouver, contre son opinion, que tout envahissement d'un des pouvoirs sur l'autre, loin d'être dans l'intérêt général de la société, entraînerait cette société dans de nouveaux malheurs ; que l'indépendance des communes et des provinces, dans un état où la démocratie est constituée, n'est autre chose que l'envahissement de l'administration par la démocratie, et que cet envahissement entraînerait nécessairement un changement dans les formes constitutives du gouvernement, changement dont on ne peut prévoir les suites, mais qu'aucun Français ne désire.

Enfin nous ferons tous nos efforts pour

éclaircir et débrouiller cette politique générale que M. Fiévée a fait tous ses efforts pour obscurcir et embrouiller ; et peut-être serons-nous assez heureux pour trouver des expressions intelligibles à des choses qu'il reconnaît lui-même être fixées de tout temps dans les idées des hommes.

CHAPITRE II.

Principes naturels de notre gouvernement représentatif. — Situation politique des communes et des provinces. — Conséquences de leur indépendance.

C'EST une vérité de fait que la démocratie en France s'appuie sur la propriété. Cet ordre de choses était indispensable à la constitution de notre gouvernement représentatif, et nous allons en établir les raisons.

Si on veut bien se rapporter à l'espèce de théorie que nous avons donnée de ces gouvernemens, on verra que la division des pouvoirs n'avait pu avoir pour régle que la différence des intérêts. On verra que deux de ces pouvoirs devaient être, l'un par rapport à l'autre, les deux plus grandes dissemblances possibles, et que ces dissemblances actives produisaient les deux plus grandes oppositions possibles. Or, dans une société quels intérêts sont plus opposés l'un à l'autre, que l'intérêt de ceux qui ne possèdent pas, et l'intérêt de ceux qui possèdent ? M. Fiévée lui-même nous a paru frappé de cette réflexion : « On ne citerait pas, dit-il, un » seul jour dans l'histoire de tous les peuples, » où ces deux intérêts aient cessé d'être actifs. » (page 48.)

Dans un état où la civilisation a étendu ses conquêtes sur toutes les classes, où les lumières se sont propagées sans aucune proportion avec la propriété, la classe des gens qui ne possèdent pas, doit nécessairement avoir acquis une grande importance sociale : et, si l'on considère que plus la civilisation s'étend, plus la somme des besoins s'accroît, et que l'activité de l'homme augmente à raison du plus grand nombre de besoins qu'il a à satisfaire, on concevera que la révolution a été tout uniment l'envahissement de la classe propriétaire par la classe qui ne possédait pas (1); on concevra

---

(1) Cette révolution a été admirablement décrite par M. de Bonald dans un discours sur les dotations du clergé.

« Alors l'ancienne économie sociale a été renversée,

de même que le gouvernement de Bonaparte n'a dû son existence qu'à cette fiscalité déréglée qui favorisait les envahisseurs, en fortifiant l'intérêt d'émolumens aux dépens de l'intérêt de propriété; on trouvera peut-être dans le besoin égal qu'avaient ces deux intérêts de se balancer, et d'entrer en composition l'un avec l'autre, la cause de cet instinct de gouvernement représentatif qui s'est manifesté en France au milieu de tous nos désordres; enfin on sentira que la réaction naturelle du balancier révolutionnaire, doit tendre à l'asservissement

---

» et le système fiscal a prévalu sur le système foncier.
» Déjà depuis long-temps, à la faveur des emprunts
» publics, il s'était manifesté dans la famille une dis-
» position trop générale à convertir ses propriétés
» domestiques en rentes sur l'état. L'état à son tour
» a converti les propriétés publiques en impôt sur la
» famille.

» Alors il a fallu mettre à la charge du trésor pu-
» blic, ou plutôt de celui des particuliers, la maison
» royale, la force publique, la justice, la religion,
» l'instruction publique, et jusques à la charité pu-
» blique. »

Nous terminerons cette citation par quelques réflexions de M. Fiévée: « Une révolution, dit-il, a

de l'intérêt d'émolumens par l'intérêt de propriété.

Le lecteur a déjà compris que l'intérêt de propriété constitue, en France, le pouvoir démocratique représenté par la Chambre des Députés, et que l'intérêt d'émolumens constitue le pouvoir monarchique dont la royauté est le centre.

Le pouvoir qui représente la propriété est la partie matérielle, le physique de la nation; le pouvoir monarchique en est le moral, la royauté en est l'âme : or, dans les corps animés, quand le moral, prenant une extension désor-

---

» nécessairement eu une cause. Et plus le désordre » s'est prolongé, plus il est impossible de revenir au » point d'où l'on est parti. — Qui pourrait le désirer, » puisque ce serait essayer de se remettre dans la né- » cessité de recommencer les mêmes fautes, les mêmes » folies, les mêmes cruautés ? — Les désordres qui s'in- » troduisent dans les sociétés ne dépendent pas plus » des hommes que les désordres qui s'introduisent » dans la constitution de chaque individu; quelle que » soit la cause de la maladie, *la maladie est un fait* » dont les accidens peuvent être modifiés par l'habi- » leté ou l'impéritie de ceux qui se chargent de la » traiter, mais elle a été décidée par les antécédens. » Page 17.

donnée, ne se trouve plus en harmonie avec le physique, la démence s'ensuit et la machine se brise. Cette image toute recherchée qu'elle paraît, contient peut-être une théorie assez juste de la révolution. De la différence de nature des deux intérêts rivaux, a dû nécessairement résulter un caractère différent d'opposition ; l'intérêt d'émolumens n'en veut qu'à la propriété : l'intérêt de propriété n'en veut qu'aux personnes. Ainsi la tendance du premier est l'envahissement, la tendance du second est l'asservissement. Partout où il n'y a rien, on ne peut avoir envie de prendre.

Il serait impossible de comprendre, autrement que par les explications qui précèdent, comment la royauté aurait, dans la balance des pouvoirs, une force égale à la démocratie qui se compose de tous les intérêts des propriétaires : car, si cette royauté ne représentait qu'un seul homme, le roi, serait-il raisonnable de penser que ce seul homme pût se maintenir autrement que par la volonté des autres hommes, et alors la royauté ne serait plus un pouvoir indépendant, elle ne serait pas même un pouvoir, mais l'instrument d'un pouvoir. D'ailleurs si, comme le dit avec raison M. Fiévée, les pouvoirs politiques ne sont point des fictions, mais des classifications d'intérêts réels, la royauté qui fait un de ces trois pouvoirs, représente donc un tiers des volontés de la société, un tiers des intérêts de la société.

Si ces raisonnemens avaient besoin de s'appuyer sur des faits, nous ferions considérer au lecteur la quantité innombrable de citoyens que met dans la dépendance immédiate du gouvernement le droit qui lui est attribué, par la constitution, de nommer à toutes les places; il sentirait que cet esprit d'émolument si puissant, si actif, prend encore une nouvelle force par l'émulation ou l'ambition, qui marche de grade en grade de la circonférence au centre; il lui paraîtrait constant que, si l'intérêt de propriété forme un lien suffisant entre les hommes qui possèdent, l'intérêt d'émolument attache suffisamment au gouvernement les hommes salariés par lui; enfin cette vérité deviendrait pour lui incontestable par cette seule réflexion, qu'il suffirait d'accroître l'importance de la classe salariée, pour augmenter la force de la royauté aux dépens de la démocratie, et de diminuer cette importance pour augmenter la force de la démocratie aux dépens de la royauté.

Il résulte de ces raisonnemens que le point de contact entre les deux intérêts de propriété et d'émolument, doit nécessairement être la fixation de l'impôt Ce n'est donc pas pour *législativer*, comme le dit M. Fiévée, que les pouvoirs de l'état se réunissent tous les ans ; c'est pour discuter en commun la chose qui intéresse également, quoiqu'en sens opposé, le pouvoir démocratique et le pouvoir monarchique, celui qui paye et celui qui est payé.

La chambre des députés stipule pour tout ce qui est appelé à contribuer ; la royauté stipule pour tout ce qui participe aux produits de la contribution.

Elle stipule pour la magistrature, pour l'administration, pour l'armée, pour tout ce qui vit par le gouvernement, pour tout ce qui n'a une existence physique et morale qu'aux dépens de la propriété ; en un mot, la royauté et la chambre des deputés maintiennent, par leur égalité de forces et d'opposition, cette immobilité de l'équilibre, seul garant de l'ordre social qui fait que tout le monde vit, et que ceux qui ne possèdent pas, ne vont pas dévaliser ceux qui possèdent : car c'est là le premier but des sociétés.

La loi du budjet est donc une espèce de

traité annuel entre les deux intérêts opposés. Dans les monarchies absolues, ces traités n'ont pas lieu : c'est le roi, qui, dans sa sagesse, règle la force des pouvoirs et maintient l'équilibre. Cet équilibre dure tant que le souverain lui-même tient la balance ; mais, s'il vient à s'en lasser, elle tombe dans les mains du fisc, qui est arbitre et partie; la propriété est attaquée, et le seul moyen d'opposition est la révolte. Or c'est pour n'avoir pas besoin de se battre, que les hommes s'abouchent et s'entendent.

On pourrait donc se faire un idée de notre gouvernement, en le comparant à une espèce d'arbitrage exercé par le pouvoir aristocratique, entre le pouvoir monarchique et le pouvoir démocratique. M. Fiévée prétend que ce pouvoir aristocratique est une fiction, parce qu'il n'y a pas en France une aristocratie constituée, qu'aucune classe de citoyens n'a des intérêts dont les autres classes soient légalement privées, et que la chambre des pairs ne peut représenter des intérêts qui n'existent pas dans la nation. Mais pourquoi vouloir à toute force que la pairie représente l'aristocratie, quand elle est l'aristocratie elle-même ? En la considérant sous ce point de vue, ne lui trouve-t-on pas tout ce qui rentre dans cette définition ? Des priviléges, des intérêts fixes et héréditaires, indépendans du pouvoir monarchique et séparés de la démocratie ? N'a-t-elle pas, par ces priviléges, par cette hérédité, par cet isolement, par cette indépendance politique, une place fixe et distincte dans l'ordre social ? N'a-t-elle pas tous les moyens de conserver cet esprit de famille qui ménage l'avenir, ce calme et cette sagesse inaccessibles aux écarts de l'opinion du jour ? En un mot, n'a-t-elle pas dans sa constitution une force assez réelle, pour empêcher les deux intérêts rivaux de ceux qui possèdent et de ceux qui ne possèdent pas, de se heurter et de se nuire ? C'est ce que les faits de la dernière session nous semblent avoir résolu d'une manière satisfaisante.

Nous croyons en général que le pouvoir intermédiaire n'a pas besoin d'être aussi fort que les deux autres, puisqu'il trouve une solidité suffisante dans la pression égale qu'exercent sur lui les deux pouvoirs opposés qu'il sépare. Ainsi, soit qu'on cherche dans la chambre des pairs la représentation de l'intérêt d'aristocratie, soit qu'on la considère comme un grand jury d'arbitrage, ou comme un sénat renfermant la sagesse de la nation, définition d'un célèbre publiciste anglais (1), il nous est impossible de ne pas voir dans ce corps, composé moitié de grands dignitaires, moitié de grands propriétaires, toutes les conditions nécessaires à l'existence de cet esprit d'état qui pèse les intérêts de parti, et les soumet à l'intérêt général.

Au reste, nous ne concevons pas trop ce que veut dire M. Fiévée, quand il exprime la conviction où il est, que toute société, sans aristocratie, n'est point complète, et que cette société éprouvera une espèce de malaise jusqu'à ce qu'une aristocratie nouvelle se soit formée dans son sein. Nous pensons que peu de Français s'aperceveront de ce malaise, et nous regardons au contraire comme le résultat d'une grande connaissance de nos mœurs, en celui qui a posé les bases de notre constitution, d'avoir renfermé dans l'enceinte de la chambre des pairs, ces priviléges aristocratiques nécessaires à la conservation de l'esprit de famille, et contre lesquels l'orgueil français a combattu pendant dix siècles.

D'après ce que nous avons dit pour expliquer le mécanisme des gouvernemens représentatifs,

---

(1) Harrington, aphorismes politiques.

on voit que le reproche fait à la charte, par M. Fiévée, d'avoir élevé un édifice avant d'en avoir posé les bases, n'est point fondé. La charte a classé les intérêts de la nation française; elle a constitué les pouvoirs, et les a mis en présence afin de connaître leurs forces. La délimitation de ces pouvoirs, étant le seul moyen d'équilibre, ne pouvait être fixée avant qu'on eût essayé leur poids. Il fallait bien les mettre dans la balance pour savoir à quel point de la distance commune on devait placer l'appui du levier.

C'est donc cette fixation qui fait maintenant toute la question entre les pouvoirs monarchique et démocratique. On voit que cette question est fort simple : s'il y a en France tant d'opinions contradictoires, ce n'est pas, comme le prétend M. Fiévée, parce qu'il y a complication d'intérêts à l'infini; c'est parce qu'il y a confusion, et qu'un grand nombre de Français ne savent réellement pas à quelle classe d'intérêts ils appartiennent. Cette confusion cessera avec le temps, parce que les intérêts se montrent d'eux-mêmes par des faits, indépendamment de la volonté des hommes; jusque-là il ne faut qu'un peu de travail pour découvrir les analogies, et réduire à ses deux points la question la plus embrouillée. Quoi qu'en dise l'auteur que nous réfutons (1), il n'y a point de question complexe.

Il est dans la nature même de tout gouvernement représentatif que la royauté se compose de deux attributions distinctes ; comme pouvoir législatif, elle représente un tiers des intérêts de la société, elle exprime un tiers des volontés de la société ; comme pouvoir exécutif, elle exprime l'accord des trois volontés de la société.

Ce pouvoir exécutif se divise lui-même en deux branches, le gouvernement et l'administration.

Le gouvernement est la conduite de la société, par rapport aux autres sociétés, et l'administration est l'action du pouvoir exécutif sur les individus.

L'administration se compose du recrutement et de l'entretien de l'armée, de la justice, des contributions, de la police, de l'instruction publique, de la bienfaisance publique, des travaux d'utilité publique et de l'exploitation des propriétés publiques.

(1) Que dis-je autre chose, sinon qu'il n'y a sur rien, en France, une question qui soit simple, et que par conséquent la société est sans volonté ? Page 58.

Comme c'est précisément par ces travaux que la monarchie, partie morale de la nation, touche à la terre, à la propriété ; il est essentiel d'examiner, avec quelques détails, quelle est la nature de ces travaux, afin d'avoir une idée précise de la situation respective des intérêts opposés.

Les travaux publics se divisent en travaux communaux, travaux d'arrondissement, travaux départementaux et travaux généraux, ou *ponts et chaussées*.

Les travaux communaux sont ceux qui intéressent la commune en particulier, tels que réparation et entretien de l'hôtel-de-ville, des églises, de l'école secondaire, des bureaux d'octroi, les promenades, les places, la voirie urbaine et la voirie rurale.

Les travaux d'arrondissement sont ceux qui intéressent un arrondissement en particulier, tels que réparation et entretien de la sous-préfecture, des tribunaux, de la prison et des routes de troisième classe.

Les travaux départementaux sont ceux qui intéressent tout le département, tels que réparation et entretien de la préfecture, de la prison, des casernes de gendarmerie, des dépôts de mendicité, des routes de seconde classe dites départementales.

Les travaux généraux sont les grands canaux de navigation, les ports de mer, les routes de première classe, dites routes royales, les grands ponts, les bâtimens de l'état, etc., etc.

La dépense de ces divers travaux se paye, pour les travaux généraux, par les fonds alloués au budjet de l'état, au titre des ponts et chaussées : et pour les travaux communaux, d'arrondissemens et départementaux, par les centimes additionnels que votent chaque année les conseils municipaux, d'arrondissemens et départementaux;

Plus par les produits des propriétés communales pour les communes qui ont des propriétés;

Plus par les produits de l'octroi des villes.

L'exploitation des propriétés communales se fait de la manière suivante : les biens qui exigent une culture, s'afferment par adjudication publique.

Les bâtimens en location s'afferment par adjudication publique.

Les fruits des biens qui n'exigent point de culture, se vendent par ajudication publique.

Le cahier des charges et conditions qui précède ces diverses adjudications, est soumis au préfet qui le discute et le vise.

Le produit des adjudications est versé dans la caisse communale, et porté en recette avec les produits des octrois et des centimes additionnels.

L'emploi des fonds se règle de la manière suivante :

Le budjet du département est présenté par le conseil général, et envoyé par le préfet, avec son avis, au ministre de l'intérieur.

Le budjet de l'arrondissement est présenté par le conseil d'arrondissement, envoyé au préfet avec l'avis du sous-préfet, et transmis par celui-ci, avec son avis, au ministre de l'intérieur.

Le budjet de la commune est présenté par le conseil municipal, envoyé par le maire, avec son avis au sous-préfet, qui l'envoie avec son avis au préfet, qui transmet le tout avec son avis au ministère de l'intérieur.

Les comptes des payeurs des départemens sont présentés par le préfet au conseil général qui les discute, et envoyés par le préfet à la cour des comptes.

Les comptes des payeurs d'arrondissement et des revenus communaux, pour les communes de quelque importance, sont également vus par les conseils d'arrondissement et municipaux, puis transmis par les préfets à la cour des comptes. L'excédant des recettes sur les dépenses pour les communes, était versé par douzième dans une caisse de réserve, et devait rester à la disposition de la commune pour ses besoins extraordinaires (1).

La police intérieure pour tout ce qui concerne le maintien de l'ordre, les mœurs, la sûreté des citoyens est exercée par le maire, sous la direction du préfet, et par des commissaires de police, sous la diretion du préfet : celui-ci correspond pour la police avec le ministre de la police générale.

Dans l'état actuel des choses, l'administration des communes, des arrondissemens et des départemens, est donc toute entière dans les mains du roi. Le préfet, le sous-préfet, le maire, sont des délégués de la royauté; les conseils municipaux, d'arrondissemens et gé-

---

(1) Comme nous écrivons loin de tous matériaux administratifs, et sur des souvenirs assez vagues, il pourrait se trouver quelques inexactitudes dans ces détails; mais nous sommes sûr que ces inexactitudes seraient de peu d'importance, et ne changeraient en rien le fond des choses.

néraux, ne sont, comme leur nom l'indique assez, que des conseils qui représentent la propriété.

C'est donc là, ainsi que nous l'avons dit plus haut, que la royauté rencontre la propriété. C'est là que les rayons du pouvoir touchent à la terre : et on remarquera que ces rayons perdent nécessairement tout ce qu'il y aurait de trop vif dans leur nature, en traversant les administrations municipales dont les places sont gratuites, et qui, par leur situation même, sont plus près de la propriété que de la royauté.

Or, il est clair que, si l'on voulait fortifier l'intérêt monarchique aux dépens de l'intérêt démocratique, il suffirait d'approcher des individus la limite qui sépare ces deux pouvoirs, en supprimant les conseils municipaux, et en remplaçant les maires par des commis salariés.

Si l'on voulait au contraire fortifier l'intérêt démocratique aux dépens de l'intérêt monarchique, il suffirait d'approcher de la royauté la limite qui la sépare des individus, en changeant les *conseils* municipaux en administrations municipales, et en rendant ces administrations indépendantes.

Si l'on voulait accroître encore cet intérêt démocratique, il suffirait de changer les *conseils* d'arrondissement en administrations d'arrondissement, et de déclarer ces administrations indépendantes.

Enfin, si l'on ne trouvait par l'intérêt démocratique assez puissant, on pourrait le fortifier encore en changeant les *conseils* généraux de département en administrations provinciales, et en rendant ces administrations indépendantes.

Alors, il n'y aurait plus qu'un degré d'envahissement; ce serait de changer la chambre des députés en administration générale, et de la rendre indépendante;

Et nous aurions le plaisir de voir fleurir de nouveau cette république une et indivisible, que ses partisans, s'il lui en reste encore, n'auraient pas attendue de ce côté;

Et *les commis de tous genres* (1) seraient asservis par les propriétaires qui leur ôteraient les moyens de se faire entendre;

---

(1) Pendant vingt-cinq ans les commis de tous genres n'ont triomphé des propriétaires qu'en leur ôtant les moyens de se faire entendre. Hist. de la Session de 1815.

Et la main qui paye serait au-dessus de celle qui reçoit (1).

Mais nous abandonnons ce degré d'envahissement qui, à coup sûr, n'est jamais entré dans l'âme noble et française des députés de 1815, et nous reprenons les trois degrés que nous avons établis, pour prouver par des faits que le pouvoir démocratique les exigeait impérieusement.

Le projet de loi sur la cour des comptes a donné occasion à ce pouvoir de manifester la première intention de conquérir ces trois degrés d'indépendance.

M. de Saint-Géry s'exprime ainsi, en votant pour le rejet de ce projet de loi. « Je vous » crois, messieurs, à peu près tous aussi pé» nétrés que moi-même de la nécessité de re» courir à ces anciennes *administrations pro*» *vinciales et municipales* qui régissaient si » paternellement *les peuples* qui leur étaient » confiés. *Nous en avons les élémens dans* » *les conseils généraux, les conseils d'ar*» *rondissement et les conseils munici*» *paux.* »

(1) Hist. de la Session de 1815.

M. de Villelle, au sujet de la loi relative a la levée des quatre premiers douzièmes des contributions, a parlé tout aussi clairement pour l'indépendance des administrations secondaires.

Un député des Ardennes s'exprime ainsi dans la loi des élections, au sujet des indemnités qu'on pourrait accorder aux députés :

« *Les administrations provinciales* pour» ront, dans l'avenir, régler temporairement » ce qui leur conviendra.(1) » Mais les députés n'ont point borné leurs efforts à des discours; ils en sont venus aux effets. La loi sur la Cour des comptes a été rejetée parce qu'elle préjugeait la question; la loi sur les quatre douzièmes de l'impôt a été modifiée dans le sens de l'indépendance des fonds communaux; et, dans la loi des finances, la vente des biens des communes a été suspendue.

Enfin, dans tout le courant de la session, les orateurs, dit M. Fiévée, n'ont laissé passer aucune occasion de plaider pour une si belle cause.

---

(1) Ainsi, dans l'idée des membres de la chambre, les provinces auraient été tellement indépendantes qu'elles auraient payé des hommes pour soutenir leur cause auprès du pouvoir royal.

Veut-on maintenant avoir une idée précise de ce qu'on entendait par l'indépendance des communes et des administrations provinciales ? M. Fiévée va nous présenter un plan d'organisation complet, dont les conséquences ne seront point difficiles à saisir.

« Dès qu'un homme puissant, dit-il (un » seigneur), ne répond plus au gouvernement » d'une certaine quantité d'hommes, dès que le » gouvernement *est réduit* à administrer cha- » que individu, *il trouve bien* qu'un *nouveau* » *pouvoir* lui garantisse la tranquillité d'une » certaine quantité de citoyens, et chaque as- » sociation *qui a sa police, ses intérêts unis,* » *se présente à lui comme une unité; les* » *communes précédent de même, et les* » *corporations deviennent à chaque com-* » *mune ce que les communes sont à l'état.* »

Il n'est encore question que des communes ; mais, quand le gouvernement *sera réduit* à administrer chaque commune, *il trouvera bien* qu'un nouveau pouvoir lui garantisse la tranquillité d'un certain nombre de communes, et chaque arrondissement qui aura sa police, ses intérêts unis, se présentera à lui comme une unité.

Mais le gouvernement sera encore *réduit* à

administrer chaque arrondissement, et *il trouvera bien* qu'un département qui aura sa police, ses intérêts unis, lui garantisse la tranquillité d'un certain nombre d'arrondissemens et se présente à lui comme une unité.

Alors le Roi de France, qui, au lieu d'avoir vingt millions d'unités à administrer, n'aura plus qu'une soixantaine d'unités, ne sera plus obligé de travailler six heures par jour avec ses ministres, et pourra faire ateler à son char quatre bœufs au pas tardif et lent, pour se promener de Paris à Surène, et de Surène à Paris, comme les grands rois du bon vieux temps.

« Et cinquante communes de moins à traduire devant la cour des comptes de Paris, » présenteront une économie d'argent et de » temps, *tout en faveur de l'état*, qui paiera » moins d'employés à la cour des comptes. » (Page 178.)

Et ces employés seront payés par les communes et les provinces.

Et les gens qui paient seront au-dessus de ceux qui sont payés : car c'est toujours là qu'en veut venir M. Fiévée.

Et ces gens qui sont payés, se trouvant dans la dépendance des communes et des provinces, ne se resserreront plus autour de la royauté :

car les hommes ne se classent que par leurs intérêts.

Et cette royauté ne sera plus un pouvoir, *mais l'expression de la volonté de la société*, c'est-à-dire, que le Roi sera lui-même un employé. Voilà la conséquence de ce beau système.

Pour prouver que M. Fiévée ne sépare pas la liberté des provinces de la liberté des communes, et que, par conséquent, l'organisation qu'il donne de ces dernières est, dans son idée, parfaitement applicable aux premières, nous allons citer un passage de son livre qui ne peut laisser aucun doute à cet égard.

« Nous verrons se reproduire souvent, dit-» il, les attaques contre l'envahissement des » administrations locales, opéré *par les com-» mis* de l'administration génerale, et je ne » négligerai rien de ce qui peut contribuer au » rétablissement *de la liberté* des communes » *et des provinces.* » Cette cause est devenue la mienne.

En voyant M. Fiévée déployer un si beau zèle, on se demande pourquoi et comment la cause des communes et des provinces est devenue la sienne; en voyant tous les efforts qu'il fait pour souffler les haines et les discordes entre les députés et les ministres, son attention constante à flatter la majorité de la Chambre et à invectiver la minorité ; en voyant son chapitre des prétentions des royalistes, que M. C...t ne désavouerait pas, on ne peut s'empêcher de s'écrier avec un auteur *pour lequel M. Fiévée particulièrement* a la plus haute estime : « J'ai bien peur que les révolutionnaires de toutes les couleurs ne viennent » animer la querelle en se jetant du côté d'un » parti pour aider à perdre l'autre. » (Hist. de la session de 1815, page 131.)

CHAPITRE III.

Doctrine politique de M. Fiévée.

Nous avons dit dans notre premier chapitre, que M. Fiévée avait créé une politique naturelle exprès pour généraliser sa politique particulière, et pour conduire le lecteur, d'abstraction en abstraction, des principes les plus vagues à des erreurs positives, qui auraient repoussé le jugement, si le jugement n'avait été égaré avant d'arriver jusqu'à elles.

Nous avons donc pensé que le meilleur moyen de pénétrer les intentions de l'auteur, était de dépouiller son système de ses artificieux antécédens, et de les remplacer par les principes véritables de la politique générale, tels que nous avons cru les découvrir dans la nature même des sociétés. Nous allons revenir maintenant sur ces antécédens, suivre M. Fiévée dans la guerre pénible qu'il fait au bon sens, et le livrer à la malignité du lecteur, dans tous l'embarras de la position fausse où il s'est placé. Peut-être ne sera-t-il pas sans fruit pour la morale, dans un siècle où l'on ne craint que les ridicules, de dévoiler enfin les ridicules du sophisme, en montrant tout l'orgueil du talent luttant, en inférieur, contre les difficultés qu'il se flattait de soumettre, et s'efforçant d'obscurcir des vérités qui l'inondent de lumière.

La dédicace même de l'ouvrage de M. Fiévée nous offre un sujet de faire ressortir la justesse de sa doctrine.

Un véritable Français n'est pas à ses yeux celui qui, né en France, se fait hacher sur la frontière pour défendre le sol sacré de la patrie; ce n'est pas le magistrat qui meurt au poste d'honneur, plutôt que de sacrifier les intérêts qu'il a juré de maintenir; ce n'est pas l'homme de lettres qui, contribuant à la gloire de son pays par ses lumières, consacre ses veilles et ses talens à concilier les partis, à calmer les haines, à répandre ces vérités morales qui font la force des sociétés et la consolation des hommes ; ce n'est pas non plus le citoyen paisible et vertueux qui élève ses enfans dans la crainte de Dieu et l'amour du Roi ; c'est encore bien moins l'administrateur, l'homme d'état qui, par son intégrité, sa douceur, sa justice, sa sollicitude active et éclairée, fait aimer aux peuples le souverain qu'il représente, et la portion du pouvoir qu'il exerce... Le véritable Français est l'homme qui possède une ou plusieurs bonnes métairies, des bœufs, des moutons, des cavales ; c'est le gros et gras propriétaire qui, tous les mois, verse dans la caisse du percepteur de sa commune cinq ou six bons écus qui servent à payer des ministres, des ambassadeurs, et *autres commis* qui ne vivent qu'à ses dépens. M. Fiévée a pour les gens qui paient une estime particulière. *Honorables* propriétaires, les appelle-t-il, vous qui payez, et n'êtes pas payés, etc., etc. C'est à eux qu'il adresse toutes ses flatteries, tous ses éloges ; c'est à eux qu'il dédie son livre ; et l'unique but de ce livre est de faire prendre pour la nation entière une classe qui ne présente à l'idée qu'une division d'intérêts : car cette expression même; *vous qui payez*, indiquait nécessairement une autre classe de Français : ceux qui sont payés. Ainsi le premier mot de l'ouvrage fait déjà pressentir le système de l'auteur; et ce système est tellement faux, tellement sophistique, qu'il ne peut souffrir l'application d'aucune conséquence. Oter le titre de Français aux hommes dont ce titre fait la seule richesse ; l'ôter à la fidélité dépouillée, aux talens, aux vertus, méconnus sur la terre; en priver celui qui, au lieu de compter des arpens, compte des blessures reçues au service de l'état, cela est aussi trop barbare ! La patrie doit-elle être injuste comme le destin? doit-elle méconnaître ses enfans, parce qu'ils ont été déshérités par le sort? Cette pensée n'est pas soutenable.

Mais il importait à M. Fiévée de généraliser la cause qu'il voulait servir, parce que cette tactique a été celle de tous les partis qui se sont succédés en France. Il n'y aurait ni envahissemens ni révolutions, si l'opinion publique, séduite et égarée, n'épousait pas des querelles particulières.

Un gouvernement représentatif, dans l'idée qu'on s'en fait vulgairement, est celui où tous les citoyens qui composent une société, classés suivant leurs intérêts, sont représentés par autant de corps qu'il y a d'intérêts dissemblables, pour discuter librement et arrêter en commun ce qui convient à la société. Ces corps ont donc chacun une portion égale du pouvoir législatif, et ils sont indépendans, parce que leur pouvoir est égal. Ce qui est arrêté par eux, est remis à l'un de ces pouvoirs qui en assure l'exécution.

M. Fiévée ne veut pas entrer dans ces arrangemens, et il ne comprend pas qu'un roi ait pu constituer une nation (1), quand même ce roi n'aurait fait autre chose que de classer les intérêts, en composer des pouvoirs, et mettre en rapport ces pouvoirs naturels de la société. « Qu'est-ce donc, dit-il, que des pouvoirs indé-» pendans ? qu'entend-on par indépendans ? » qu'est-ce que ce pouvoir exécutif, ce pou-» voir législatif, partagé en branches ? Cent » volumes ne donneraient pas une réponse » précise. » Une réponse précise en cent volumes ! ce serait en effet assez difficile. M. Fiévée, qui sans doute a ses raisons pour ne pas vouloir de cette indépendance des pouvoirs, se hâte d'ajouter : « Mais tout le monde com-» prend *sans efforts* que, dans un état de ci-» vilisation complet, il y ait une royauté,

(1) Page 12.

» *expression de la volonté de la société* ; un » pouvoir aristocratique, qui soit constitué pour » défendre dans l'intérêt général ses intérêts » particuliers, *s'il en a*, et un pouvoir démo- » cratique chargé de défendre les intérêts dont » personne n'est légalement privé , *et plus* » *spécialement* les priviléges des communes, » dans les pays où il y a des communes. »

Nous demanderons si cette version n'exige pas, pour être comprise, plus d'efforts que la première, et si elle ne dénature pas réellement une question qui, par la manière dont elle était posée, était beaucoup trop précise pour offrir à l'auteur aucun moyen de déviation. Voyons ceux qu'il a cherchés dans sa définition des pouvoirs naturels.

L'un de ces moyens consiste à donner au mot *royauté* un sens abstrait dans une question générale : « On comprend sans efforts qu'il » y ait une royauté, expression de la volonté » de la société. »

Il ne faut pas perdre de vue que c'est d'un état de civilisation complet qu'il s'agit ici : or, les monarchies sont ou despotiques ou constitutionnelles : dans les premières, la royauté n'est point l'expression de la volonté de la société, parce que la société n'est point constituée en corps pour émettre sa volonté, et qu'il n'y a d'autre volonté que celle du despote; dans les secondes, la royauté se compose, ainsi que nous l'avons dit ailleurs, de deux attributions distinctes, la législation et l'exécution. Sous le premier rapport, elle est un véritable pouvoir représentant un tiers de la nation; elle a un intérêt propre, une force réelle, une volonté indépendante; sous le second, elle exprime, non la volonté de la société, mais l'accord de sa propre volonté avec celle des deux autres pouvoirs.

La définition de l'aristocratie n'est pas plus franche que celle de la royauté: « Tout le monde » comprend sans efforts que, dans un état de » civilisation complet, il existe un pouvoir » aristocratique, qui soit constitué pour dé- » fendre dans l'intérêt général ses intérêts par- » ticuliers, *s'il en a.* »

Si l'on s'arrêtait à la construction grammaticale de cette phrase, on aurait besoin de *beaucoup d'efforts* pour y trouver un sens précis, puisque le conditionnel *s'il en a* détruit tout ce qu'il y a de positif dans la constitution du pouvoir aristocratique; mais nous sommes loin de chercher une faute de logique dans ce qui n'est au contraire qu'un raffinement de l'art du logicien. Le mot *s'il en a* est une petite satire contre la charte, qui a oublié de donner des priviléges à une classe de citoyens ; oubli qui nous rejette dans les siècles de barbarie : car une société ne peut se dire *dans un état* de civilisation complet, tant que tous les citoyens y sont égaux devant la loi, tant qu'ils sont tous également admissibles aux emplois civils et militaires; tant qu'elle n'a qu'une aristocratie dont personne ne s'aperçoit.

Mais l'auteur fait un grand pas vers son système dans la définition qu'il donne de la démocratie : « On comprend sans efforts qu'il » existe un pouvoir démocratique chargé de » défendre les intérêts, dont personne n'est » légalement privé, *et plus spécialement* les » priviléges des communes, dans les pays où il » y a des communes. »

Ainsi la première obligation des députés, celle qui doit passer avant la défense des intérêts individuels, est de rétablir les communes dans leurs lois privées, de leur faire rendre leurs caisses, leur police, de les isoler du centre; en un mot, d'envahir sur la royauté une portion considérable de l'action administrative.

En reprenant les résultats que nous avons fixés, pour les comparer aux bases dont nous sommes partis, il suivra des définitions de M. Fiévée, qu'au lieu des trois pouvoirs indépendans qu'il rejette comme des idéologies, dont cent volumes ne pourraient expliquer le sens, nous avons en France une royauté qui n'est qu'une *expression* (1); une aristocratie qui n'est *qu'une fiction*, et un pouvoir chargé de défendre tous les intérêts, *et plus specialement* les priviléges des communes, priviléges *détruits* depuis plus d'un siècle par le cardinal Mazarin, comme le dit M. Fiévée lui-même (2).

Nous concevons, d'après une telle idée, des pouvoirs naturels, que la dénomination *représentation nationale* ne peint pas à l'auteur *un état de société fort rassurant.* (3)

C'est dommage qu'il existe une petite contradiction dans cette doctrine: la royauté étant l'expression de la volonté de la société, et l'aristocratie étant une fiction, contre qui la démocratie, qui à elle seule fait toute la société, au-

(1) Nous prenons ce mot dans l'acception que l'auteur a entendu lui donner.

(2) « Afin qu'il soit avéré que plus d'un siècle après » que le cardinal Mazarin eut détruit la liberté des » communes, etc. » (Page 176.)

(3) Page 3.

rait-elle donc à défendre ses intérêts et les priviléges des communes ? serait-ce contre sa volonté ?... C'est pourtant là ce que M. Fiévée voudrait que nous comprissions, et sans efforts !

Cette contradiction, au reste, se reproduit plus d'une fois dans le cours de l'ouvrage. Tantôt l'auteur vous dira que la nation doit défendre ses intérêts contre la royauté (1) ; tantôt que ces intérêts sont naturellement sous la défense de cette royauté (2).

Tantôt il mettra en doute : « S'il existe en » France des communes constituées de ma» nière que le pouvoir démocratique soit spé» cialement chargé de défendre leurs privi» léges (3). » Puis il dira ailleurs, que le premier devoir des députés était de défendre les priviléges des communes, et que nulle voix ne

---

(1) « Cette idée de défense que nous présentons sans » cesse comme nécessaire à la liberté, était reconnue par » tous les écrivains politiques de l'antiquité. » (Page 5.)

(2) « Si l'on ne peut nier que ce soit par le nombre » d'intérêts naturellement placés sous sa défense, que » chacun des pouvoirs fait sa place dans l'opinion pu» blique, quelle place doit y tenir la royauté ! quelle » place n'y tient-elle pas en effet ? » (page 52.)

(3) Page 13.

serait assez puissante pour empêcher la France de le proclamer.

Enfin il prendra la peine d'expliquer le motif de la formation des communes. Il vous dira que ces associations prennent naissance à l'origine de la démocratie, quand l'homme, encore tremblant devant le maître qui l'opprimait, se réunit à d'autres hommes (1), pour se fortifier contre les priviléges de l'aristocratie; et il parlera plus tard pour le rétablissement des communes, quoiqu'il n'y ait plus ni maîtres, ni priviléges, et qu'il ait prononcé que les sociétés ne recommençaient pas.

Une des peines secrètes de l'auteur est l'existence de quelques lois nouvelles qui ont changé en conseils les administrations municipales, ordonné la vente des biens communaux, et opéré ainsi la destruction des communes, *détruites*, il y a plus de cent ans, par le cardinal Mazarin.

M. Fiévée n'élève aucune accusation particulière contre ces lois usurpatrices : il a trouvé plus simple de frapper de réprobation le code qui les renfermait ; et il l'a fait dans sa politique

---

(1) Page 15.

générale, lorsqu'on ne pouvait encore pressentir les véritables motifs qui le portaient à déchirer ainsi tous ce fatras de législation. Il y a même un peu de contradiction dans tout ce qu'il dit à ce sujet. Par exemple, il ne veut pas qu'un seul pouvoir de la société puisse prononcer, sans le concours des autres pouvoirs, sur l'adoption ou le rejet de ces lois subversives, « qui renfer- » ment, ajoute-t-il, plus de despotisme possi- » ble que les usages les plus enracinés des gou- » vernemens asiatiques (1); » et il dit plus loin qu'il serait *bon et sage* (2) que le Roi n'eût pas appelé les Chambres à coopérer à toutes les parties de la législation (3); mais qu'il faut se taire où parle la constitution (4).

C'est surtout dans le chapitre où il traite de la royauté, qu'il s'attache à démontrer l'incohérence de notre édifice législatif; il en fait un tableau effrayant, et malheureusement trop fidèle. Mais la conséquence qu'il veut tirer de cette incohérence nous paraît si singulière, que

(1) Page 21.
(2) Page 22.
(3) Page 23.
(4) Page 22.

nous ne pouvons nous empêcher de l'examiner avec quelque attention.

« Toutes lois que nous avons enregistrées, » dit-il, sont en masse, en confusion et en » contradiction, considérées comme volonté » de la société; et, s'il est incontestable que la » royauté soit et ne puisse être que l'expression » de cette volonté, qui peut dire que la royauté » n'ait pas été altérée par la révolution (1)? » Or, dans l'idée de M. Fiévée, la royauté est quelque chose de tellement passif, qu'elle doit *exprimer*, sans aucune distinction, tout ce que la société a voulu depuis que la société existe. Cependant nous ne voyons pas que le Roi fasse exécuter ni les lois de proscription faites par la convention contre les royalistes, ni celles qui déportaient les prêtres non assermentés, ni même la loi du 18 fructidor. Nous voyons nos vieux émigrés se promener dans Paris fort tranquillement, quoique l'air un peu fâchés; la guillotine n'est plus en permanence dans toutes les villes du royaume; et, bien que nous soyons convaincus avec M. Fiévée que la volonté de la société a été *incertaine et furieuse* (2), nous

---

(1) Page 56.

(2) Page 57.

ne nous apercevons pas que la royauté soit ni incertaine, ni furieuse. N'est-ce pas aussi un peu trop abuser des mots, que de vouloir nous faire entendre que nous sommes exposés à être traduits devant la cour prévôtale, et comme jacobins, et comme buonapartistes, et comme royalistes?

Mais si nous sommes confondus de ces étranges raisonnemens, nous ne savons comment qualifier la conclusion qui les termine.

« Aimons et plaignons notre Roi, nous » dit-on, comme il nous aime et comme il » nous plaint; mais restons bien convaincus » que tous les pouvoirs de la société ont be- » soin *d'être en exercice* et de marcher d'ac- » cord, pour qu'il y ait une expression sen- » sible de la véritable volonté de la société. » Sans *cette double* condition, de nouveaux » malheurs nous menacent et ne peuvent man- » quer de nous atteindre, soit que la royauté » s'élève seule *un moment* contre tous les » pouvoirs; *soit qu'elle succombe dans la* » *lutte terrible* au milieu de laquelle la pro- » vidence lui a ordonné de venir se re- » placer. »

Ainsi donc, il était possible que la royauté succombât dans une lutte terrible avec les autres pouvoirs législatifs ; ainsi ces loyaux et vertueux députés, dont l'attachement aux Bourbons était attesté par une longue et inébranlable fidélité, qui ont fait retentir la France entière des cris de leur amour, des protestations de leur dévouement ; ces députés, à qui on ne pourra jamais reprocher que d'avoir trop aimé leur Roi, et dont les intentions seront toujours inattaquables, auraient pu renverser le trône qu'ils étaient appelés à soutenir, qu'ils avaient tout fait pour affermir ! Repoussons une supposition qui serait un véritable outrage à l'honneur de la nation entière, et déplorons ce funeste esprit de parti qui compromet la vertu même dans les misérables finesses de sa politique.

Le véritable sens du passage que nous avons cité, n'est point étranger aux idées ultérieures de l'auteur : c'est dire assez clairement à la royauté que, si elle ne mettait pas les chambres en exercice, elle ne s'élèverait seule qu'un moment ; et que, si elle ne s'arrangeait pas pour être *d'accord* avec elles, elle succomberait dans la lutte. Ce qui est une conséquence naturelle de ce principe, que la royauté n'est que l'expression de la volonté de la nation, c'est-à-dire de la volonté des chambres : car il est bon de remarquer en passant que, dans la doctrine de M. Fiévée, la royauté ne fait point partie de la représentation nationale (1).

Nous croyons, avant de passer outre, devoir relever une expression de l'auteur qui jettera encore plus de jour sur le but secret de ses déclamations adroites contre des lois subversives tout-à-fait étrangères à nos nouveaux intérêts, et qui prouvera en même temps le peu de solidité d'un ouvrage où les contradictions se reproduisent à chaque feuille.

« Nous avons proscrit, *confisqué*, tué, » dit-il, et nous avons enregistré ces lois abo- » minables : nous avons dit depuis, qu'en effet » ces lois étaient affreuses, *mais pour* l'avenir » *seulement* » (2). Or, c'est là ce qu'il y a d'embarrassant pour l'avocat des communes; mais si, en reconnaissant que nous avions été régis par des lois abominables, nous avons dit

---

(1) « Le Roi (avant la révolution) n'était pas ex- » posé à lutter *contre une représentation nationale*, » parce qu'il n'y en avait réellement pas et qu'à lui » seul était réservé le droit de prononcer sur les inté- » rêts généraux de la société. » (Page 3). Donc sa définition générale de la royauté n'est point applicable aux monarchies despotiques, ainsi que nous l'avons dit plus haut.

(2) Page 55.

que ces lois ne nous régiraient plus à l'avenir; si nous avons jeté un mur d'airain entre ce passé où tant d'extravagances ont été punies par tant de désastres, et cet avenir qui s'ouvre à nos espérances par le triomphe de la religion, de la légitimité, de la morale; si la société enfin veut être juste et raisonnable, la royauté ne peut donc exprimer désormais une volonté qui n'existe plus, elle ne peut donc être à l'avenir ni injuste, ni déraisonnable: elle n'est donc pas altérée, puisque la société, dont elle est l'expression, n'est plus ni *incertaine*, ni *furieuse*. Si nous reconnaissons avec M. Fiévée, page 56, qu'il y a en France vingt volontés contradictoires, cela ne rend pas à nos yeux la royauté plus diffuse, parce que nous reconnaissons aussi avec lui, page 52, qu'il n'y a de volonté possible et raisonnable que celle de la société constituée.

La crainte de fatiguer l'attention du lecteur en la fixant trop long-temps sur des abstractions sans suite, et qui sont toujours inconcluantes quand elles ne sont pas contradictoires, nous porte à abréger cet examen de la politique générale de M. Fiévée.

Bornons-nous à faire observer, avant de quitter ce chapitre, que les étranges aberrations dans lesquelles la raison de l'auteur est tombée, ne viennent peut-être que de cette fausse définition de la royauté prise chez lui pour la loi rendue. Nous demanderons, afin de n'y plus revenir, si une royauté qui a l'initiative et la sanction des lois, n'est pas plutôt le premier pouvoir de la législation que l'expression de la volonté des autres pouvoirs (1).

---

(1) Si une définition inexacte suffit pour égarer la pensée loin de la vérité et du bon sens, une question mal posée peut également donner lieu aux applications les plus fausses. M. Fiévée ne l'ignorait pas, quand, pour justifier par un exemple tout ce qu'il avait dit sur la confusion d'intérêts qu'avaient amenée chez nous les lois contradictoires de la révolution, il s'appuie de l'état présent du clergé, dont une loi avait confisqué les propriétés, et auquel une autre loi permettait de posséder, *à présent qu'il n'avait plus rien*. « S'il reste, dit-il, quelques débris de ses propriétés » d'autrefois, quels débats ne va-t-il pas s'élever » pour savoir si ces débris lui reviendront en vertu » des dernières lois qui lui permettent de posséder, » ou s'il en sera éternellement privé en vertu des » avant-dernières lois qui lui interdisaient toute » possession : il y a des intérêts, ajoute-il ; la question n'est pas simple ; il n'y a sur rien en France » une question qui soit simple : *par conséquent la* » *société est sans volonté* ».

Si la loi a confisqué les propriétés du clergé, il est clair qu'il n'a plus ces propriétés ; si une autre loi le

CHAPITRE IV.

Classe industrieuse. — Centralisation. — Dissolution de la Chambre. — Conclusion.

Si, dans tous le cours de son ouvrage, M. Fiévée semble n'avoir rien tant à cœur que de prouver que la royauté est altérée par la révolution, qu'elle a perdu toute sa force, qu'elle ne peut plus se maintenir que par la volonté de la société dont

---

rend apte à posséder, ce ne peut être que pour l'avenir. Si cette même loi stipule que ses biens non vendus lui seront restitués, nulle question ne subsistera plus à ce sujet. Toutes ces questions sont fort simples : possédera-t-il? ne possédera-t-il pas? ses biens non vendus lui seront-ils ou ne lui seront-ils pas restitués? On remarquera par quelle décision tranchante l'auteur se hâte de généraliser la fausse conséquence qu'il a réussi à tirer :

Il n'y a sur rien en France une question qui soit simple : par conséquent la société est sans volonté.

Mais, quand il serait aussi vrai qu'il est faux que la question est complexe, il n'en resterait pas moins incontestable qu'une société ne peut avoir de volonté arrêtée que quand une loi est rendue; car, dans une assemblée, dit M. Fiévée (page 225), le résultat seul est ce qui appartient à tous.

elle est l'expression ; s'il répète à plusieurs endroits que les ministres peuvent tout avec les chambres, et rien sans les chambres (1) ; il ne perd jamais une occasion de prouver que le pouvoir démocratique est accru par la révolution. Voilà sur quoi il appuie principalement cette assertion : ce pouvoir, dit-il, se composant de tous les intérêts, dont personne n'est légalement privé, a dû se fortifier de tout ce que les autres ont perdu, en sorte que, d'après l'auteur, il n'y aurait véritablement en France qu'un seul pouvoir, le peuple, en présence d'un homme, le Roi. Il y aurait de quoi trembler à cette pensée ; mais nous espérons que le lecteur voudra bien se rappeler tout ce que nous avons dit dans le chapitre précédent, pour faire sentir que la royauté avait un appui véritable dans l'intérêt d'émolumens ; et qu'au moyen de la masse imposante de citoyens que cet intérêt resserrait autour du trône, les deux pouvoirs rivaux étaient en état de se maintenir dans un véritable équilibre.

Tout le système représentatif de M. Fiévée repose donc sur une idée fort inexacte de nos

---

(1) Page 352.

intérêts présens. S'il eût voulu discuter ces intérêts avec toute la franchise qu'il annonçait, s'il eût consenti à voir autre chose dans la France que des gens qui payent, il aurait compris qu'entre les propriétaires et les hommes qu'il appelle *des commis* était une autre classe d'hommes aussi nombreuse que les deux premières, et qui, dans un état bien gouverné, doit appartenir à la royauté, par la raison même qui pourrait faire croire à M. Fiévée qu'elle fait partie de la démocratie. Nous entendons parler de la classe industrieuse, qui n'est pas constituée séparément en France, parce qu'elle n'a réellement aucun intérêt séparé. L'artisan qui travaille également et pour le ministre et pour le député ne prendra assurément parti ni pour la chambre ni pour le ministère ; mais il prendra parti pour le pouvoir exécutif qui lui garantit la sûreté de sa personne, la propriété de sa boutique, qui lui fait rendre justice quand un débiteur infidèle lui conteste le salaire mérité. Il s'attachera à un gouvernement sage qui maintiendra la paix au-dehors, source de la prospérité du commerce; enfin, cette classe, qui n'est privée par le droit d'aucun intérêt, mais qui, *par le fait*, n'a d'autre intérêt que l'intérêt général, appartiendra essentiellement à tout gouvernement qui saura déployer assez de force pour qu'elle en puisse espérer assez de protection.

Le pouvoir démocratique en France ne se compose donc pas, comme le dit M. Fiévée, des intérêts dont personne n'est légalement privé; les intérêts dont personne n'est légalement privé sont mis naturellement sous la sauve-garde des lois.

Quelque chose qu'on dise et qu'on fasse, le pouvoir qui se compose de l'intérêt de propriété, ne pourra jamais représenter que des propriétaires : la politique, dit notre auteur (qui veut bien toujours nous fournir des armes pour le combattre), n'admet pas de fictions.

Ces réflexions peuvent servir à jeter beaucoup de lumières sur la question importante de la liberté des communes. Si tel est l'effet de la centralisation, que les hommes s'attachent au centre d'où part la protection qu'ils éprouvent, si le paysan de l'Anjou et de l'Alsace ne voient que le Roi dans la sûreté qui leur est garantie par une police locale, ne sera-ce pas tuer la royauté que de mettre partout entre elle et le peuple des administrations composées de propriétaires qui protégeront pour elle les citoyens, et veilleront, au nom d'une commune, à la tranquillité et au bonheur des individus.

Nous ne concevons pas sur quoi peuvent se fonder ceux qui prétendent que la centralisation est contraire à la formation de l'esprit public. Nous pensons, au contraire, que la localisation, qu'on s'efforce de préconiser, aurait le résultat inévitable de substituer l'égoïsme de corporation à l'esprit national, l'amour de la commune à l'amour de la patrie.

Autant donc nous regardons comme préjudiciable à la royauté, que tous les intérêts s'attachent à des localités au lieu de se resserrer autour d'elle, autant nous regardons comme avantageux au pouvoir démocratique, d'enlever à la royauté la totalité de la classe industrieuse, et un grand nombre d'employés qu'ils mettraient sous sa dépendance : c'est alors que la royauté serait véritablement altérée, et qu'elle n'aurait rien de mieux à faire que d'en passer par tout ce que voudraient les chambres, sous peine de succomber dans la lutte.

Cette différence de situation entre les représentans de la propriété et les ministres du Roi, explique suffisamment les prétentions différentes qui se sont élevées dans la dernière session au sujet des biens communaux : mais, loin que nous en devions conclure rien de défavorable à notre constitution, nous devons au contraire en tirer de grands sujets d'espérances pour l'avenir ; parce que ces tendances naturelles s'annonçant à l'insu des hommes, et indépendamment de leur volonté, sont une preuve incontestable que nos intérêts sont bien classés, et que nos pouvoirs constitués ne sont point des fictions.

Un des grands moyens mis en avant par M. Fiévée, est de vouloir absolument que le Roi prenne le contre-pied de tout ce qu'a fait Bonaparte (1). Il s'attache à démontrer tous les abus de la fiscalité : il peint les impôts se reproduisant sous toutes les dénominations pour écraser les peuples ; la propriété épuisée perdant tous les jours sa valeur, par l'impossiblité où l'on était de pourvoir aux frais d'exploitation :

---

(1) C'est par une aussi belle manière de raisonner qu'il dit, dans son chapitre de l'aristocratie, que les peuples ne se sont jamais révoltés contre le *gentis homines* que quand les *gentis homines* ne défendaient pas bien la nation ; et il en conclut qu'on ne s'indigne du joug que quand le joug est sans utilité. C'est absolument prendre l'effet pour la cause. C'est toujours après des guerres désastreuses que les peuples se sont soulevés, parce que les nobles n'étaient plus alors assez forts pour les contenir.

il peint les fonds spéciaux dévorés pour les besoins de l'état, la caisse de réserve, les centimes additionnels enlevés aux communes; et il en conclut que le système fiscal est ruineux, et que le système foncier doit être rétabli : mais, pour que le tableau fût complet, il aurait dû peindre aussi deux armées à recréer dans l'espace de deux ans, une cavalerie toute entière à monter et à équiper : il aurait dû peindre cinq cent mille hommes de troupes ennemies couvrant la moitié de la France, dévorant les fruits de la terre, se faisant nourrir, habiller et payer par les provinces qu'ils venaient de mettre au pillage; et il se serait peut-être demandé si, dans des circonstances aussi désastreuses, les communes qui auraient eu d s fonds en caisses, auraient employé ces fonds à faire bâtir des hôtels-de-ville ou des salles de spectacle. On voit les caisses vides, et l'on crie contre le système fiscal; c'est contre les malheurs du temps qu'il faudrait crier.

Disons-le, l'état est une grande famille; tous les hommes sans distinction sont solidaires dans les malheurs publics : tout ce qui n'appartient pas à un individu, appartient à tous. Il n'y a qu'une commune en France, c'est la patrie; c'est elle que nous devons voir, et non la fabrique de notre paroisse. Qu'a-t-on besoin de corporations, de confréries, de toutes ces compagnies locales qui marchent continuellement de la circonférence sur le centre? qu'a-t-on besoin de faire mille petits états dans le sein de l'état? On se plaint de l'égoïsme, et on vient le constituer en France! on se plaint que la royauté est affaiblie, et on veut lui dérober le peuple! Que craint-on pour le paysan? le donjon du comte ou du baron n'est plus couvert d'hommes d'armes; le procureur du Roi est à quelques lieues de lui, et la loi veille pour tout le monde. L'état, dites-vous, prend les deniers de nos communes: mais, qu'est-ce que l'état, si ce n'est pas vous? quelle espèce de dilapidation pouvez-vous redouter (1)? Les dépenses de chaque ministère sont d'avance réglées par vous; la liste civile est arrêtée par vous; les impôts sont consentis par vous. La fiscalité, direz-vous, nous épuisait

---

(1) M. Fiévée définit une commune *le patrimoine d'un commis*. Nous avouons que nous ne comprenons pas comment *un commis* peut faire tourner à son profit des revenus dont il n'a que la surveillance, et qui ne passent jamais dans ses mains. M. Fiévée, qui a été *commis* du départ·ment de la Nièvre, en sait peut-être plus que nous à cet égard.

sous Bonaparte : mais, sous Bonaparte, vos intérêts étaient représentés par la fiscalité elle-même ; des gens payés, et payés par le gouvernement, stipulaient en votre lieu et place ; ils vous livraient, vous et vos propriétés, et vous n'aviez aucuns moyens de résistance, puisque vous n'étiez rien alors ; mais il ne s'ensuit pas pour cela que vous deviez être tout aujourd'hui.

Autrefois, nous dira-t-on, les communes existaient, et les choses n'allaient pas plus mal : mais qu'entend-on par autrefois ? est-ce le temps où la royauté était propriétaire ; où elle n'avait d'autre armée à sa disposition que la noblesse ; où, quand l'ennemi inondait le territoire, elle assemblait les députés des communes pour leur demander de l'argent et des hommes ; où chaque corporation fournissait un certain nombre de deniers et de fantassins, accordés toujours à des conditions fort dures pour la royauté ? est-ce le temps où les députés des communes obligeaient l'infortuné Jean II à ne conclure ni paix ni trève sans leur volonté ; où ces députés demandaient au dauphin, Charles V, que le gouvernement fût composé de vingt-huit membres tirés de leur sein, que leur assemblée fût rendue presque permanente ?

est-ce le temps où le chef de la corporation des marchands, le fameux Marcel, contrebalançait l'autorité souveraine; où les états usurpaient le gouvernement et les finances; où chaque député se faisait escorter par six gendarmes? est-ce le temps des troubles et des guerres civiles?

Ou bien, entend-on par autrefois le temps où les tailles furent rendues perpétuelles (1); où l'on n'assemblait plus les états qu'une fois tous les cent ans; où la révolte était devenue un droit pour les peuples opprimés, parce qu'ils n'avaient pas d'autre moyen pour sortir de l'oppression?

Les communes se formèrent pour arracher les individus au joug de l'aristocratie, et on veut les rétablir pour mettre les individus sous le joug d'une aristocratie nouvelle : car, on ne peut se le dissimuler, une démocratie qui s'appuie sur des biens payant mille francs d'impôts, serait une véritable aristocratie territoriale, si elle avait le droit d'administrer les individus. La tyrannie de la propriété n'est-elle pas assez forte en France, sans qu'il faille lui donner encore la force du pouvoir?

C'est une singulière erreur que de placer

---

(1) Les tailles furent déclarées perpétuelles par Charles VII, en 1448.

dans les temps passés toutes ces idées de paix et de bonheur qui échappent à notre esprit présént. On dirait que la France, au temps jadis, a toujours été paisible et florissante, et que l'âge de fer ne date pour nous que de la révolution. Si des faits sont des règles en politique, si on s'appuie sur nos malheurs pour prouver que nos institutions sont vicieuses, qu'on ouvre l'histoire, et qu'on nous dise si les institutions anciennes valaient mieux.

On ferait donc de vains efforts pour révoquer en doute cette perfectibilité indéfinie si consolante pour l'esprit humain : autant nos intérêts étaient confus, autant à présent ils sont classés et distincts; autant les rouages du gouvernement étaient nombreux et compliqués, autant maintenant ils sont simplifiés. La vue n'est plus repoussée par cette multiplicité de lois, d'usages, de priviléges locaux qui régissaient chaque province, chaque canton, chaque petite ville : la plus grande unité règne dans nos mœurs, dans notre législation; et, s'il était possible qu'après des agitations si longues et si cruelles cette unité régnât dans nos opinions, toutes les beautés idéales des sociétés se réaliseraient dans la France.

Mais qu'est-ce que ces opinions du jour, ces

intérêts d'amour-propre, ces préjugés fondés sur des souvenirs qui s'effacent de plus en plus, et qui s'éteindront tout-à-fait avec les restes d'une génération épuisée?

Ce sont les institutions qu'il faut voir (1), c'est la charte constitutionnelle, qui, dans ses dix premiers articles, renferme la gloire et le bonheur de vingt générations à venir, et

---

(1) Nous ne craignons pas de dire ici que, si un grand nombre d'hommes se tiennent éloignés de ces institutions, c'est qu'ils ne sont pas à leur hauteur. Il en est que des intérêts de fortune et d'amour-propre retiennent encore en arrière dans cette époque si récente de tyrannie et de corruption, où le fait prenait la place du droit, où le juste et l'injuste se confondaient dans l'opinion devant le pouvoir et la fortune. Ce n'est pas en des cœurs souillés de tous les vices des esclaves, comme dit J.-J. Rousseau, que peuvent germer des sentimens libéraux. Il en est d'autres qui, par suite de l'ancien système d'éducation, n'ayant vu dans l'histoire que des victoires et des défaites, ne soupçonnent pas dans le monde d'autre éclat que celui de l'acier, d'autre gloire que la gloire militaire, d'autre gloire militaire que celle qui se fonde sur la force du bras et non sur la force de l'âme, et qui s'imaginent qu'il n'y a plus ni honneur ni patrie, parce qu'il n'y a plus de batailles, et parce que les soldats français ont été vaincus dans

marque le période de perfectibilité qu'a préparé pour nous un demi-siècle d'extravagances et d'infortunes.

Il manque donc peu de chose à la perfection de notre système social ; cette perfection a suivi son cours malgré nos malheurs, contre la volonté des brigands à bonnets rouges et des sicaires dorés ; elle s'achevera malgré nos mal-

---

une lutte aussi inégale qu'insensée. Comme si l'existence de la France pouvait dépendre du sort d'un combat ; comme si les désastres de Poitiers, de Pavie, et tant d'autres plus funestes encore que celui du Mont-Saint-Jean, nous avaient abaissés dans l'estime des nations, et nous avaient fait perdre cette importance politique que nous assurent à jamais et notre prééminence dans la marche de la civilisation, et cette séve héroïque qui circule depuis quinze siècles sur le sol que nous habitons.

Disons-le, il n'est pas donné à tous les hommes de s'élever au niveau de leur siècle. Il faut une grande pureté civique, une âme libre d'intérêts et de préjugés, pour atteindre à l'idée de cette grandeur politique, fondée sur la vertu et la liberté, et qui offre la répétition sur la terre de ce beau idéal que la vraie philosophie découvre. En général, ce n'est pas dans la génération qui s'éteint, mais dans celle qui s'élève, qu'il faut voir la nation française. Les hommes qui ont blanchi dans les gymnases révolutionnaires, ont heurs et contre la volonté des honnêtes gens : on ne fait pas les révolutions, elle se font d'elles-mêmes.

Les députés de la dernière session ont rendu de grands services à la France : ils ont sauvé la morale publique, fait triompher la religion et les principes sociaux, ils ont rempli avec zèle et avec honneur les devoirs que leur mission

---

rapporté de cette funeste arène, ou des cœurs corrompus par l'égoïsme, ou des esprits faussés par le sophisme, ou des âmes que le malheur a flétries, et que le triomphe si long du mal a pour jamais découragées; en traversant les malheurs publics, les uns y ont laissé leurs vertus, les autres y ont usé leurs espérances; tous y ont puisé des souvenirs haineux ou des sentimens de vengeance, que le temps semble plutôt enraciner qu'affaiblir.

Mais derrière cette génération, que les orages ont abattue, que les vents brûlans ont desséchée, s'élève une génération pleine de vigueur et d'espérance, qui répond à la patrie de sa grandeur future et de ses glorieuses destinées; elle n'a hérité ni des préjugés antiques que la révolution a combattus, ni des préjugés modernes que la révolution a fait naître; elle voit déjà d'un œil assez étranger les fautes et les aberrations passées : elle les voit dépouillées de leurs pompeux déguisemens; elle les juge avec la morale, et n'en conserve que l'expérience.

leur imposait; plusieurs ont montré de grands talens, tous ont fait preuve de patriotisme et d'un grand amour pour le roi. Ces éloges que nous proclamons avec toute la sincérité possible, en s'étendant sur leur conduite, ne regardent en rien les opinions politiques qui ont prédominé dans la chambre. Les opinions d'un corps délibérant, quand il est bien constitué, sont indépendantes de la volonté des hommes, et résultent uniquement de la constitution particulière de ce corps : nous sommes donc entièrement de l'avis de M. Fiévée, dans tout ce qu'il dit de bien au sujet des membres de cette assemblée. Nous pensons comme lui que jamais en France la propriété n'a été mieux défendue ; mais nous n'en conclurons pas, comme lui, que le ministère a eu tort de s'opposer aux prétentions de la chambre, et qu'il aurait dû se ranger lui-même à l'opinion de la majorité. Une telle doctrine renverse toutes nos idées sur les gouvernemens représentatifs. Il n'y aurait pas besoin de trois pouvoirs dans l'état, si tout ce qui avait prévalu dans le sein de l'un de ces pouvoirs, devait être admis sans discussion par les autres.

D'après ces réflexions, on sera peut-être convaincu avec nous que la chambre des députés ne représente pas la nation française, comme le veut M. Fiévée, mais les propriétaires; qu'elle stipulait pour les intérêts de ceux qui payaient, comme le ministère stipulait pour les intérêts de tous ceux qui étaient payés; que le pouvoir démocratique, par le seul fait de sa constitution en corps, devait tendre à se fortifier aux dépens du pouvoir monarchique, et que le pouvoir monarchique n'aurait pu, sans compromettre la solidité de l'état, se ranger à l'opinion de la chambre, encore moins prévenir sa volonté. C'est, dit M. Fiévée, une idée fort singulière, que de vouloir rétablir le pouvoir royal, en le tenant dans un état continuel de transaction; mais cet état continuel de transaction est précisément la seule manière de procéder des gouvernemens représentatifs.

Cette tendance différente dans les trois pouvoirs de l'état explique ce que M. Fiévée ne peut comprendre: que telle proposition, formée dans la chambre des députés, a été rejetée dans la chambre des pairs. Elle explique également comment tel député parlera en honnête homme et en bon citoyen, en déclamant contre la fiscalité; et comment tel ministre aura parlé en honnête homme et en bon citoyen, en soutenant l'opinion contraire.

S'il nous est permis d'entrer dans la raison d'état qui a pu motiver la dissolution de la chambre, nous ne chercherons pas cette raison dans les prétentions que les députés ont élevées pendant le cours de la session dernière; ces prétentions, comme nous l'avons dit, étaient inhérentes à l'existence d'une assemblée démocratique, et il est présumable que la chambre qu'on va élire les mettra de nouveau en avant. La royauté d'ailleurs est parfaitement en mesure de résister à tous empiétemens; le Roi ne s'est point engagé à rétablir les administrations provinciales et municipales; et, si l'article quatre de la charte garantit la liberté individuelle, aucun article de cette charte ne garantit la liberté des communes. Au pis aller, il pourrait s'en tenir à l'état présent de notre législation, qui ne reconnaît que des *conseils* municipaux et généraux, et non des administrations municipales et générales. Il y aura bien un point de contestation à régler entre les deux pouvoirs; c'est cette vente des biens communaux que deux lois ont consacrée, et que la dernière loi des finances a suspendue. Espérons que la nouvelle chambre, perdant tout-à-fait l'idée de recréer en France le système foncier, sentira que des propriétés communales sont sans objet quand il n'y a plus de communes ; que la vente d'une partie de ces propriétés, déjà effectuée depuis long-temps, exige, pour la régularité du système social et la parfaite égalité de condition entre les citoyens, la vente de la partie qui reste encore ; et qu'enfin elle sera convaincue que cette importante question ne peut être décidée que par l'intérêt général.

Mais si le système démocratique, qui a prédominé dans la chambre des députés, n'a point nécessité la dissolution de cette assemblée, nous pensons qu'il n'eût pas été prudent de la convoquer de nouveau; et c'est M. Fiévée, lui-même, qui nous aidera à développer cette opinion. « Le ministère ne devina pas, nous » dit-il (en parlant des élections), que, si la » majorité de la France était convaincue que » l'année précédente la royauté avait été mal » servie, mal défendue, cette majorité se jet- » terait toute entière, aux élections, du côté » des royalistes, et préférerait des exagérés, » s'il y en a, à des hommes d'une trop facile » composition sur les malheurs des rois; les » nominations devaient, en général, être di- » rigées contre le 20 mars, ses fauteurs, com- » plices, et ceux qui se pressaient trop de n'y

» voir qu'un accident ; elles furent effective-
» ment faites ainsi. »

Cette réflexion, qui est juste ; explique toute la conduite de la chambre, et le bien qu'elle a fait. La chambre a justifié l'attente de la France, elle a vengé la morale publique et la royauté, elle a sauvé l'honneur français de son dernier naufrage; mais, par suite de la mission qu'elle avait remplie (1), elle était devenue le centre d'une masse d'opinions qu'il convenait de fondre dans l'opinion générale : les idées (comme dit M. Fiévée) s'étaient personnifiées, les haines et les passions humaines étaient en jeu ; les sentimens et les opinions se substituaient à

---

(1) Nous n'en citerons pour preuves que ce passage du chapitre de la loi sur les élections.

« Aussitôt qu'on put comprendre toute la délibé-
» ration sous cette forme si simple et matérielle :
» cette chambre qui, selon les expressions du Roi,
» paraissait introuvable dans l'état des choses, et que
» la Providence s'était plu à former des élémens les
» plus purs, restera-t-elle entière pendant cinq ans,
» ou sera-t-elle morcelée? *Aussitôt*, dis-je, *qu'on*
» *sortit de la métaphysique politique*, pour entrer
» dans un fait aussi positif, tout s'éclaircit ; ceux qui
» pouvaient désirer d'autres députés que ceux qui
» étaient venus des provinces montrer des talens

l'intérêt positif, seule base sûre pour les corps délibérans; la démocratie territoriale, qui aurait déjà marché assez vite par sa force naturelle, marchait encore plus vite par haine pour la démocratie populaire : l'esprit révolutionnaire, qui sait fort bien que la république peut venir de l'Orient comme de l'Occident, poussait à la roue de toute sa force; et cette position eût été d'autant plus périlleuse pour la nation, qu'il y a encore dans cette nation certains individus qui, comme M. Fiévé veut bien nous le faire remarquer, « sont toujours prêts à aban-
» donner toutes les causes, à servir le parti
» qui va dominer, sans avoir besoin de trahir
» leur conscience (1). »

Si quelque chose doit nous convaincre, que la dissolution des chambres était une mesure

---

» inconnus dans la capitale, étaient pour le renouvel-
» lement par cinquième ; ceux qui craignaient que
» la Providence ne nous rendît pas ce que nous
» pouvions perdre, étaient pour le renouvellement
» intégral. *Les raisonnemens plus ou moins spé-*
» *cieux, plus ou moins vrais logiquement, ne sont*
» *plus rien quand les idées se personnifient.* Pour moi,
» qui me crois peu d'esprit..... *de parti*, etc. »

Histoire de la Session, pag. 334.

(1) Page 117.

dictée par la prudence la plus éclairée, c'est l'ouvrage de M. Fiévée. Cet ouvrage a démontré que les députés de 1815 n'étaient plus à eux-mêmes, et qu'ils étaient devenus, à leur insu, le centre d'un esprit de parti qui les aurait poussés vers un but que leur honneur même les empêchait d'apercevoir. Jamais, en effet, cet esprit de parti ne se montra plus à découvert que dans la prétendue Histoire de la Session de 1815.

L'auteur y a pris avec une rare habileté la couleur d'opposition qui caractérisait la majorité de la chambre : on dirait, à son éloquence chagrine, à ses regrets du passé, à son peu de confiance dans l'avenir, que de vieux souvenirs l'oppressent, que ses habitudes sont froissées par les institutions nouvelles, et qu'il a passé la moitié de sa vie à rêver le retour de la monarchie de St.-Louis; on dirait qu'il a le cœur rempli d'illusions déçues, d'espérances trompées, et que les spectres de la révolution sont toujours devant ses yeux. On le prendrait pour un de ces hommes au front sévère, qui ont blanchi dans la retraite, et qui ne croyaient pas en sortir pour ratifier les décrets de la convention, et les arrêtés des préfets de Bonaparte. Parle-t-il de la fiscalité; il semblerait qu'elle a épuisé sa fortune. Parle-t-il des administrateurs; on dirait qu'il a gémi pendant vingt ans sous la tyrannie des gens en place : il les confond sous la dénomination assez injurieuse de *commis*, et l'on serait tenté de croire, au mépris qu'il témoigne pour cette « effroyable quantité de gens » réduits à se transporter partout où il y a une » place à obtenir, » que ces malheureux volent aux propriétaires les sommes dont se composent leurs émolumens. Mais si les gens salariés doivent être un peu humiliés quand il se met sur leur chapitre, il n'y a pas, en revanche, de propriétaires qui ne se rengorgent quand il trouve l'occasion de leur adresser la parole : « C'est » chez vous, leur dit-il, qu'on trouve le pa» triotisme dans toute sa pureté, honorables » propriétaires, QUI VIVEZ DANS VOS PROVINCES, » plus avides d'estime que d'émolumens et de » places. La France l'éprouvera par un chan» gement notable dans ses mœurs, quand il » se trouvera en France des hommes en état » de comprendre qu'il faut mettre ceux » qui paient au-dessus de ceux qui sont » payés (1). »

---

(1) Page 211.

C'est surtout dans le compte qu'il rend des opérations de la chambre, que sa partialité éclate de la manière la moins équivoque. Autant il se montre fidèle à n'accorder ni talens ni éloquence, ni esprit ni vertus aux députés qu'il appelle ministériels, autant il est soigneux de flatter l'amour-propre des députés qui composaient la majorité (1). C'est M. D. V., « dont le discours ré-
» véla à la France un de ces esprits éminemment
» propres aux affaires qui se sont formés dans la
» retraite pendant les jours d'orage et de folie.

---

(1) « Si j'excepte M. de Barante, qui, dans ses dis-
» cours, a montré une heureuse disposition à saisir
» et développer des idées générales, et dont les opi-
» nions imprimées, brièves sur le sujet en discus-
» sion, ont de l'éclat par les considérations dont il
» les entoure, *il est impossible de trouver le moin-*
» *dre talent* applicable aux affaires dans les discours
» prononcés par ceux qu'on suppose ministériels,
» et qui m'ont paru ne pas l'être du tout; car, s'il
» est vrai qu'ils finissent toujours de parler en di-
» sant qu'ils votent pour les projets des ministres,
» il est également vrai qu'ils ne disent jamais rien
» pour soutenir ces projets, pour en développer le
» mérite, pour prouver la possibilité de les exécuter.
» Du côté opposé, que d'esprits positifs propres aux
» affaires, *connaissent à la fois l'ancienne France*,

« C'est M. B. qui me paraît avoir un ta-
» lent particulier pour faire entendre la vé-
» rité, etc., etc. »

Sans doute, nous ne serons jamais les derniers à rendre justice aux talens de M. de Bonald, de M. de Vilelle, de M. de Corbières, et de plusieurs autres députés qui faisaient partie de l'opposition; mais nous, qui avons assisté à toutes les séances de la chambre, nous ne pouvons pardonner qu'à ceux qui n'ont écrit l'histoire de cette session que sur des discours imprimés (1), d'avoir gardé le silence et sur l'éloquence mâle et sauvage de M. de Serre, dont

---

» *la révolution*, et notre situation nouvelle! Le dis-
» cours sur les finances, par M. de Bourienne, est
» un modèle de discussion. Et combien d'autres dé-
» putés je pourrais nommer, qui, joignant la modes-
» tie à des connaissances réelles, *se sont contentés*
» *de discuter une seule partie du budjet*, *quelquefois*
» *un seul article*, afin que les vérités qu'ils avaient
» la certitude de rendre évidentes, fissent plus d'im-
» pression en les présentant isolées; ce qui a tou-
» jours réussi. Je ne parle pas des talens, etc., etc. »
Pag. 427.

Nul n'aura d'esprit que nous et nos amis!

(1) L'auteur dit qu'il a écrit l'histoire de la session sans avoir assisté à une seule séance de la chambre.

les beaux mouvemens oratoires ont eu tant d'influence dans les discussions de la loi d'amnistie; et sur l'éloquence élégante et concise de M. de Saint-Aulaire, qui savait donner de la vie et de l'intérêt à des aperçus tirés de la plus haute politique; et sur les discours si riches d'images, si entraînans de M. Royer Collart; et sur les discussions lumineuses de M. Pasquier. Tous ces députés, véritablement orateurs, et dont les discours, s'ils avaient pu être fixés dans leur beauté d'inspiration, seraient des morceaux littéraires du plus grand prix, auraient été signalés aux races futures comme des Démosthène et des Cicéron par l'historien qui s'est chargé de recueillir pour elles les faits de cette session mémorable, si, au lieu de s'être placés au côté droit de la tribune, ils se fussent placés au côté gauche. A quoi tient l'immortalité! Nous ne pouvons que déplorer le sort de cette postérité qui accordera sans doute une grande confiance à l'ouvrage de M. Fiévée; elle ne saura pas un mot de l'événement le plus intéressant de la session : celui qui a forcé M. Lainé à quitter la présidence de la chambre. M. Fiévée garde à ce sujet le silence le plus absolu, et c'est la dernière preuve que nous chercherons à donner de sa partialité.

En résumant à ses principaux points, tous ce que nous avons dit sur l'ouvrage de M. Fiévée, et quelques autres parties de sa doctrine, que les limites d'une brochure ne nous ont point permis de discuter, il s'ensuit :

Que la cause des communes et des provinces est devenue celle de M. Fiévée, et qu'il n'a voulu rien négliger de ce qui pouvait contribuer au rétablissement de leur liberté ;

Que, pour ne rien négliger de ce qui pouvait contribuer au rétablissement de cette liberté, il a fait un gros volume dans lequel il a prouvé :

Que la Charte constitutionnelle n'avait pas le sens commun ; qu'elle avait oublié d'accorder des privilèges à une classe de citoyens, et qu'une société où une classe de citoyens n'est pas privilégiée est incomplète ;

Qu'elle n'avait pu créer des intérêts qui n'existaient pas dans la nation, et qu'il n'existait en France qu'un seul intérêt, celui des propriétaires;

Que par conséquent le pouvoir aristocratique (la chambre des pairs) n'était qu'une fiction ;

Que la royauté n'était que l'expression de la volonté de la société, c'est-à-dire de la volonté des propriétaires;

Qu'ainsi les ministres ne viendraient au parquet de la chambre des députés que pour entendre cette volonté;

Que ceux des ministres qui éléveraient quelque contradiction ne pourraient rester en place;

Que ceux qui payaient devaient être au-dessus de ceux qui étaient payés;

Qu'ainsi les gouvernans seraient subordonnés aux gouvernés;

Que par conséquent les ministres, les préfets, les sous-préfets, tous ceux qui administrent sous les ordres du Roi devaient administrer sous les ordres des propriétaires;

Que les gens qui possédaient devaient tenir en servitude ceux qui ne possédaient pas;

Qu'ainsi le paysan du Morvand ou de la Marche, propriétaire de quelques arpens de bois, et bourgeois d'un village, devait être le maître et seigneur de l'homme à talent qui ne possédait rien (deux qualités qui, par parenthèse, vont assez souvent de compagnie);

Qu'enfin tous ceux qui, dans la session de 1815, n'avaient point été partisans de ce système n'avaient ni talens, ni éloquence;

Que tous les écrivains qui prendraient la plume pour le combattre seraient ou des sots ou des gens payés.

ERRATUM.

Nous nous sommes aperçus, après l'impression de cette brochure, que nous avions élevé contre M. Fiévée une accusation tout-à-fait injuste, en disant qu'il avait su prendre avec habileté dans son ouvrage, et les idées et le langage du parti qu'il voulait faire triompher. Nous avions le souvenir plein alors de son chapitre *sur la loi d'amnistie*, chapitre très-remarquable, et par la richesse du style, et par le talent que l'auteur y déploye, et par la sévérité des principes qui en font la base. Nous avions oublié un autre chapitre, où cette sévérité de principes se fait beaucoup moins remarquer : celui *des prétentions des royalistes*.

C'est donc comme une espèce d'amende honorable que nous transcrirons ici les passages les plus saillans de ce dernier chapitre, en nous permettant toutefois d'opposer aux accusations de l'auteur d'autres passages tirés de son propre ouvrage, et les réflexions que ces accusations pourront nous suggérer.

Nous nous sommes souvent demandé qui avait pu porter M. Fiévée à écrire ce singulier chapitre contre les émigrés, et à vouloir leur ôter cet orgueil de la conscience, qu'ils ont acheté par tant de sacrifices, par tant de fatigues, par de si longs et de si cruels malheurs!

Il nous semble que leur honneur, seul bien qui leur soit resté, ne peut importuner personne, et qu'ils sont vis-à-vis de la France dans une situation qui doit leur attirer au moins des égards. Nous ne pouvons donc expliquer les choses un peu dures que M. Fiévée leur adresse fort gratuitement, autrement que par la haute estime que l'auteur accorde à ceux qui paient, estime qui doit nécessairement se changer en sentiment contraire pour ceux qui ne peuvent plus payer.

ACCUSATION.

« Vous avez quitté la France au premier » mouvement de nos troubles civils, lorsque le » Roi était encore sur son trône; ce trône, déjà » ébranlé par des principes désastreux, devint » plus vacillant après votre départ : qui essaya » de le défendre? » Page 69.

RÉPONSE.

« Si ceux qui prennent date de leur pureté, » à compter du jour où ils ont quitté la France, » *avaient pu* faire entendre aux puissances » étrangères cette grande idée de la solidarité des » trônes, qui n'a pu être comprise qu'à force

» de malheurs, et de malheurs communs à » tous les souverains, et qu'avec l'élite des » troupes de l'Europe ils fussent venus arracher » Louis XVI à la tyrannie des factions, aux dan» gers qui nous menaçaient tous dans notre Roi, » nul doute que les nations n'eussent reconnu » leur prééminence, dont les preuves eussent » été rendues sensibles par leur prévoyance, » leur courage, et l'heureux résultat de leurs » efforts; *car il y a en France une nation* » *juste, généreuse, qui ne méconnaît aucun* » *talent, aucun service rendu.* . . . . . .

» . . . .

» *Elle eût admiré le courage et l'habileté,* » *étouffant les fureurs révolutionnaires,* » *comme elle a plaint le dévouement même* » *sans résultat.* » Page 81.

Nous ajouterons peu de chose à cette réponse; le simple bon sens fera sentir que ce n'est pas la faute des émigrés s'ils n'ont pu venir, avec l'élite des troupes de l'Europe, arracher Louis XVI à la tyrannie des factions; et cette nation juste et généreuse, qui a plaint leur dévouement, même sans résultat, ne leur fera pas un crime de l'imprévoyance des souverains de l'Europe, auxquels ils n'ont pu faire entendre cette grande idée de la solidarité des trônes.

ACCUSATION.

« . . . . . Qui essaya de le défendre ? Ces
» gardes nationales, composées de bourgeois,
» etc., etc.

» Si quelques-uns d'entre eux ont ensuite
» pensé à se mettre dans une position qui cessât
» de les désigner aux fureurs révolutionnaires,
» le leur reprocherez-vous ? » Page 69.

RÉPONSE.

Nous ne croyons pas qu'il soit jamais entré dans la pensée d'aucun émigré de faire un crime ni à M. Desèze, ni à tant d'autres Français de toutes les classes qui se sont honorés par leur attachement au Roi, de s'être soustraits aux fureurs révolutionnaires, et d'avoir conservé une vie qui est chère à tous les amis de la fidélité et de la vertu.

ACCUSATION.

« A celui qui n'a pensé jusqu'au dernier
» moment qu'à son Roi, tant qu'il a pu avoir
» l'espérance de le servir, n'accorderez-vous
» pas une minute pour penser à lui, quand
» toute espérance est suspendue ? » (Page 70.)

RÉPONSE.

Qu'entendez-vous par penser à lui ? Est-ce penser à faire sa fortune aux dépens de l'honneur ?

ACCUSATION.

« Parmi ces gardes nationales qui demandaient à tout braver pour servir le Roi, et qui seraient peut-être parvenues à le sauver, si, au lieu d'être au-delà des frontières, vous eussiez été là pour ajouter à leurs forces, etc. » (Page 70.)

RÉPONSE.

On ne peut pas être pas partout.

ACCUSATION.

« Les prééminences politiques ne s'établissent pas sur des sentimens. » (Page 80.)

RÉPONSE.

D'accord ; mais ce serait le comble de la déraison, de vouloir juger des sentimens avec des intérêts.

ACCUSATION.

« Sans doute c'est un sort digne d'envie que celui des Français qui peuvent dire : Nous fûmes toujours purs. Il est seulement cruel que le même avantage appartient à tous ceux que la nature a créés pour être nuls dans toutes les circonstances possibles. » (Page 78.)

RÉPONSE.

Morale effroyable qui a brûlé le temple d'Éphèse !

FIN.

www.ingramcontent.com/pod-product-compliance
Lightning Source LLC
LaVergne TN
LVHW020431230826
846091LV00004B/1454

9782012397644